CAMBRIDGE LATI
Editorial Board: *Chairman* E. J. Kenney;

SELECTIONS FROM TACITUS
HISTORIES I-III

COVER ILLUSTRATIONS

Coins of 'the year of the four emperors' (obverses)

Top left On the obverse is Galba's head with the inscription IMP SER GALBA CAESAR AUG; on the reverse is concordia and CONCORDIA PROVINCIARUM

Top right On the obverse is Otho's head with the inscription IMP OTHO CAESAR AUG TR P; on the reverse is securitas and SECURITAS P R

Bottom left On the obverse is Vitellius' head with the inscription A VITELLIUS GERM IMP AUG TR P; on the reverse is libertas and LIBERTAS RESTITUTA

Bottom right On the obverse is Vespasian's head with the inscription IMP CAESAR VESPASIANUS AUG; on the reverse is IUDAEA

Centre On the obverse are clasped hands with the inscription FIDES EXERCITUM; on the reverse are clasped hands and FIDES PRAETOR(IANORUM)

Reproduced by permission of the Fitzwilliam Musuem, Cambridge

CAMBRIDGE LATIN TEXTS

Selections from Catullus
R. O. A. M. LYNE

Selections from Pliny's Letters
M. B. FISHER and M. R. GRIFFIN

Virgil: Selections from Aeneid VIII
C. H. CRADDOCK

Tacitus: Selections from Agricola
D. E. SOULSBY

Tacitus: Selections from Histories I–III
P. V. JONES

SELECTIONS FROM
TACITUS
HISTORIES I–III
THE YEAR OF THE FOUR EMPERORS

PETER V. JONES
Nottingham High School

CAMBRIDGE UNIVERSITY PRESS

Published by the Syndics of the Cambridge University Press
Bentley House, 200 Euston Road, London NW1 2DB
American Branch: 32 East 57th Street, New York, N.Y. 10022

Vocabulary and explanatory text
© Cambridge University Press 1974

ISBN: 0 521 20435 6

First published 1974

ACKNOWLEDGEMENTS

The Latin text used in this book is taken from
the Oxford Classical Text of Tacitus' *Historiae*
edited by C. D. Fisher, and is reproduced by permission of
The Clarendon Press, Oxford.

Printed in Great Britain by
Alden & Mowbray Ltd
at the Alden Press, Oxford

MAPS

1. The Roman Empire in A.D. 69 *page* 36
2. Italy and Greece *page* 37
3. North Italy *page* 38
4. The centre of Rome *page* 39

A SUMMARY OF THE EVENTS OF A.D. 69

Emperor	Probable date	Event	Ref. in text
Galba	1 January	News of mutiny in Upper Germany	1.12
	3	The legions of Upper Germany, under Caecina, and Lower Germany, under Valens, proclaim Vitellius, governor of Lower Germany, emperor	1.50
	10	Galba moves to adopt Piso as his successor	1.12, 15
Otho	15	Otho's coup. Galba, Piso and Vinius murdered. Otho recognised by the senate as emperor	1.21, 22, 27, 40, 41, 49
	February	Vitellius' armies, under Caecina and Valens, move towards Italy	
	14 March	Otho starts for the Po with Paulinus, Celsus and Proculus, and is later joined by Titianus	II.39
	15 April	First battle of Cremona (Bedriacum): Othonians defeated	II.41–2
	17	Otho commits suicide at Brixellum	II.47, 49
Vitellius	19	Vitellius recognised by the senate as emperor	
	24 May	Vitellius inspects the battle-field at Cremona (Bedriacum) and moves slowly towards Rome	II.70
	1–16 July	Vespasian proclaimed emperor throughout the Eastern world: Antonius Primus prepares to march on Italy. Caecina moves north to meet him	
	27 October	Second battle of Cremona (Bedriacum): Vitellians defeated	
	28	Sack of Cremona	III.32–4
	December	Antonius reaches Rome: Vitellius tries in vain to abdicate	
Vespasian	21	Rome captured, Vitellius is killed, and Vespasian's son Domitian is welcomed into the palace as Caesar	III.83–6

I

The historian: his job and his public

1. initium mihi operis Servius Galba iterum Titus Vinius consules erunt. nam post conditam urbem octingentos et viginti prioris aevi annos multi auctores rettulerunt, dum res populi Romani memorabantur pari eloquentia ac libertate: postquam bellatum apud Actium atque omnem potentiam ad unum conferri pacis interfuit, magna illa ingenia cessere; simul veritas pluribus modis infracta, primum inscitia rei publicae ut alienae, mox libidine adsentandi aut rursus odio adversus dominantes: ita neutris cura posteritatis inter infensos vel obnoxios. sed ambitionem scriptoris facile averseris, obtrectatio et livor pronis auribus accipiuntur; quippe adulationi foedum crimen servitutis, malignitati falsa species libertatis inest. mihi Galba Otho Vitellius nec beneficio nec iniuria cogniti. dignitatem nostram a Vespasiano inchoatam, a Tito auctam, a Domitiano longius provectam non abnuerim: sed incorruptam fidem professis neque amore quisquam et sine odio dicendus est. quod si vita suppeditet, principatum divi Nervae et imperium Traiani, uberiorem securioremque materiam, senectuti seposui, rara temporum felicitate ubi sentire quae velis et quae sentias dicere licet.

Servius Galba, m. *Roman emperor after Nero, A.D. 68–9*
iterum *for the second time*
post conditam urbem *after the foundation of Rome*
octingentōs: octingentī *eight hundred*
aevī: aevum, n. *age, period*
auctōrēs: auctor, m. *writer, historian*
rettulērunt: referre *tell of, record*
dum *as long as*
memorābantur: memorāre *tell, relate*
parī: pār *equal*
5 bellātum (est): bellāre *fight*
apud *at*
Actium: Actium, n. *a promontory in north-west Greece, where the final battle of the civil war between Octavian and Antony was fought*
potentiam: potentia, f. *power*
cōnferrī: cōnferre *bring together, concentrate*
interfuit: interesse *be in the interests of*
ingenia: ingenium, n. *intellect, man of literary ability*
cessēre: cēdere *disappear, cease to appear*
vēritās, f. *historical truth*
plūribus: plūrēs *several, many*
īnfrācta (est): īnfringere *break, impair*
īnscitiā: īnscitia, f. *ignorance*
reī pūblicae: rēs pūblica, f. *public affairs, politics*
ut *as though*
aliēnae: aliēnus *belonging to someone else, of no personal concern*
libīdine: libīdō, f. *passion, mania*
adsentandī: adsentārī *flatter*
adversus *against*
dominantēs: dominārī *rule*
10 neutrīs: neuter *neither, pl. neither side*
posteritātis: posteritās, f. *posterity, future generations*
obnoxiōs: obnoxius *servile, fawning*
ambitiōnem: ambitiō, f. *partiality, flattery*

scrīptōris: scrīptor, m. *writer*
āversērīs: āversārī *recoil from, discount*
obtrectātiō, f. *slander, defamation*
līvor, m. *spite, venom*
prōnīs: prōnus *ready, attentive*
quippe *for*
adūlātiōnī: adūlātiō, f. *flattery*
foedum: foedus *foul, ugly*
servitūtis: servitūs, f. *subservience*
malignitātī: malignitās, f. *malice, spite*
Othō, m. *Roman emperor after Galba, 15 January–16 April A.D. 69*
Vitellius, m. *Roman emperor after Otho, 19 April–22 December A.D. 69*
15 dignitātem: dignitās, f. *political career*
Vespasiānō: Vespasiānus, m. *Vespasian, Roman emperor A.D. 69–79*
inchoātam (esse): inchoāre *begin*
prōvectam (esse): prōvehere *advance, promote*
abnuerim: abnuere *deny*
fidem: fidēs, f. *trustworthiness, fidelity to truth*
professīs: profitērī *profess, claim*
quisquam *anyone, everyone*
quod sī *but if*
suppeditet: suppeditāre *last long enough*
prīncipātum: prīncipātus, m. *reign*
dīvī: dīvus *deified*
Nervae: Nerva, m. *Roman emperor A.D. 96–8*
Traiānī: Traiānus, m. *Trajan, Roman emperor A.D. 98–117*
ūberiōrem: ūber *rich, fruitful*
sēcūriōrem: sēcūrus *trouble-free, safe*
20 māteriam: māteria, f. *subject matter, theme*
senectūtī: senectūs, f. *old age*
sēposuī: sēpōnere *set aside, reserve*
fēlīcitāte: fēlīcitās, f. *good fortune*

My theme is one of almost unmitigated disaster and terror

2. opus adgredior opimum casibus, atrox proeliis, discors seditionibus, ipsa etiam pace saevum. quattuor principes ferro interempti: trina bella civilia, plura externa ac plerumque permixta: prosperae in Oriente, adversae in Occidente res: turbatum Illyricum, Galliae nutantes, perdomita Britannia et statim omissa: coortae in nos Sarmatarum ac Sueborum gentes, nobilitatus cladibus mutuis Dacus, mota prope etiam Parthorum arma falsi Neronis ludibrio. iam vero Italia novis cladibus vel post longam saeculorum seriem repetitis adflicta. haustae aut obrutae urbes, fecundissima Campaniae ora; et urbs incendiis vastata, consumptis antiquissimis delubris, ipso Capitolio civium manibus incenso. pollutae caerimoniae, magna adulteria: plenum exiliis mare, infecti caedibus scopuli. atrocius in urbe saevitum: nobilitas, opes, omissi gestique honores pro crimine et ob virtutes certissimum exitium. nec minus praemia delatorum invisa quam scelera, cum alii sacerdotia et consulatus ut spolia adepti, procurationes alii et interiorem potentiam, agerent verterent cuncta odio et terrore. corrupti in dominos servi, in patronos liberti; et quibus deerat inimicus per amicos oppressi.

adgredior: adgredī *embark on, begin*
opīmum: opīmus *rich in*
cāsibus: cāsus, m. *disaster*
proeliīs: proelium, n. *battle, strife*
discors *troubled, split*
sēditiōnibus: sēditiō, f. *mutiny, civil war*
interēmptī (sunt): interimere *kill*
trīna: trīnī *three, three series of*
externa: externus *foreign, against foreigners*
plērumque *very frequently*
Oriente: Oriēns, m. *the East*
Occidente: Occidēns, m. *the West*
5 turbātum: turbātus *troubled*
Illyricum, n. *Roman province, corresponding roughly to modern Yugoslavia*
Galliae, f. pl. *the Roman provinces of Gaul*
nūtantēs: nūtāre *waver, vacillate*
perdomita: perdomāre *conquer completely*
omissa: omittere *neglect, forget*
coortae: coorīrī *rise up*
Sarmatārum: Sarmatae, m.pl. *a tribe of southern Russia*
Suēbōrum: Suēbī, m.pl. *a tribe of central Germany*
nōbilitātus: nōbilitāre *make famous*
clādibus: clādēs, f. *disaster, defeat*
mūtuīs: mūtuus *mutual, on both sides*
Dācus, m. *Dacian, inhabitant of Dacia, corresponding roughly to modern Romania*
Parthōrum: Parthī, m.pl. *the Parthians, inhabitants of Parthia, corresponding to part of modern Persia*
lūdibriō: lūdibrium, n. *imposture, hoax*

iam vērō *finally*
saeculōrum: saeculum, n. *generation, age*
10 seriem: seriēs, f. *series, succession*
repetītīs: repetere *repeat*
haustae: haurīre *destroy, swallow up*
obrutae: obruere *bury*
fēcundissima: fēcundus *fertile, rich*
Campāniae: Campānia, f. *the area round Naples*
ōrā: ōra, f. *coastal region*
vāstātā: vāstāre *destroy, devastate*
dēlūbrīs: dēlūbrum, n. *shrine, temple*
Capitōliō: Capitōlium, n. *the Capitoline hill at Rome*
caerimōniae: caerimōnia, f. *sacred rite*
īnfectī: īnficere *taint, stain*
scopulī: scopulus, m. *rock, island*
15 nōbilitās, f. *high birth*
omissī: omittere *refuse*
gestī: gerere *hold, administer*
honōrēs: honōs, m. *public office*
prō crīmine *as grounds for an accusation*
ob *for, on account of*
minus *less*
dēlātōrum: dēlātor, m. *informer*
invīsa: invīsus *odious, sickening*
sacerdōtia: sacerdōtium, n. *priesthood*
cōnsulātūs: cōnsulātus, m. *consulship*
ut *as*
spolia: spolia, n.pl. *spoils, prizes*
adeptī: adipīscī *obtain, carry off*
prōcūrātiōnēs: prōcūrātiō, f. *administrative post*
interiōrem: interior *hidden*
agerent verterent *threw into chaos*
cūncta: cūnctus *all, every*
20 corruptī: corrumpere *bribe*
dēerat: dēesse *be lacking*

5

3. non tamen adeo virtutum sterile saeculum ut non et bona exempla prodiderit. comitatae profugos liberos matres, secutae maritos in exilia coniuges: propinqui audentes, constantes generi, contumax etiam adversus tormenta servorum fides; supremae clarorum virorum necessitates fortiter toleratae et laudatis antiquorum mortibus pares exitus. praeter multiplices rerum humanarum casus caelo terraque prodigia et fulminum monitus et futurorum praesagia, laeta tristia, ambigua manifesta; nec enim umquam atrocioribus populi Romani cladibus magisve iustis indiciis adprobatum est non esse curae deis securitatem nostram, esse ultionem.

The beginning of the end for Galba

12. paucis post kalendas Ianuarias diebus Pompei Propinqui procuratoris e Belgica litterae adferuntur, superioris Germaniae legiones rupta sacramenti reverentia imperatorem alium flagitare et senatui ac populo Romano arbitrium eligendi permittere quo seditio mollius acciperetur. maturavit ea res consilium Galbae iam pridem de adoptione secum et cum proximis agitantis. non sane crebrior tota civitate sermo per illos menses fuerat, primum licentia ac libidine talia loquendi, dein fessa iam aetate Galbae. paucis iudicium aut rei publicae amor: multi stulta spe, prout quis amicus vel cliens, hunc vel illum ambitiosis rumoribus destinabant, etiam in Titi Vinii odium, qui in dies quanto potentior eodem actu invisior erat. quippe hiantes in magna fortuna amicorum cupiditates ipsa Galbae facilitas intendebat, cum apud infirmum et credulum minore metu et maiore praemio peccaretur.

sterile: sterilis *barren, empty*
et *also, as well*
prōdiderit: prōdere *produce, yield*
profugōs: profugus *fugitive, exiled*
propinquī: propinquus, m. *kinsman, relative*
audentēs: audēns *daring, courageous*
cōnstantēs: cōnstāns *resolute*
generī: gener, m. *son-in-law*
contumāx *unyielding, defiant*
5 suprēmae: suprēmus *last, final*
necessitātēs: necessitās, f. *fatal moment*
exitūs: exitus, m. *death, death scene*
praeter *in addition to, besides*

multiplicēs: multiplex *many and varied*
prōdigia: prōdigium, n. *portent, omen*
fulminum: fulmen, n. *thunderbolt*
monitūs: monitus, m. *warning*
praesāgia: praesāgium, n. *premonition, token*
11 iūstīs: iūstus *reliable, conclusive*
indiciīs: indicium, n. *proof, evidence*
adprobātum est: adprobāre *prove, demonstrate*
sēcūritātem: sēcūritās, f. *safety, peace of mind*
ultiōnem: ultiō, f. *revenge, punishment*

kalendās: kalendae, f.pl. *the Kalends, 1st day of each month*
Iānuāriās: Iānuārius *of January*
prōcūrātōris: prōcūrātor, m. *governor*
Belgicā: Belgica, f. *the northern part of Gaul*
adferuntur: adferre *bring*
superiōris Germāniae: Germānia superior, f. *Upper Germany, a province to the west of the upper Rhine*
sacrāmentī: sacrāmentum, n. *military oath of allegiance*
flāgitāre *demand, call for*
arbitrium: arbitrium, n. *power, right*
5 quō ... mollius *so that ... the more leniently*
mātūrāvit: mātūrāre *hasten, accelerate*
iam prīdem *for a long time*
adoptiōne: adoptiō, f. *the adoption of an heir*
proximīs: proximī, m.pl. *friends, advisers*
agitantis: agitāre *think over, consider, debate*
sānē *indeed*
crēbrior: crēber *frequent, common*

cīvitāte: cīvitās, f. *state, country*
sermō, m. *topic of conversation*
licentiā: licentia, f. *freedom, opportunity*
dein = deinde
aetāte: aetās, f. *age, old age*
10 iūdicium, n. *sound judgement*
prōut *just as, according as*
quis *anyone, one*
ambitiōsīs: ambitiōsus *self-interested*
dēstinābant: dēstināre *mark out, name*
in diēs *from day to day*
quantō *the more*
eōdem āctū *in the same proportion, the more*
hiantēs: hiāre *gape, be insatiable*
fortūnā: fortūna, f. *good fortune, success*
cupiditātēs: cupiditās, f. *desire*
facilitās, f. *weakness, indulgence*
intendēbat: intendere *increase, stimulate*
15 apud *with, in dealing with*
īnfirmum: īnfirmus *weak*
crēdulum: crēdulus *credulous, gullible*
peccārētur: peccāre *do wrong*

Galba adopts Piso as his successor

15. igitur Galba, adprehensa Pisonis manu, in hunc modum locutus fertur: 'si te privatus lege curiata apud pontifices, ut moris est, adoptarem, et mihi egregium erat Cn. Pompei et M. Crassi subolem in penates meos adsciscere, et tibi insigne Sulpiciae ac Lutatiae decora nobilitati tuae adiecisse: nunc me deorum hominumque consensu ad imperium vocatum praeclara indoles tua et amor patriae impulit ut principatum, de quo maiores nostri armis certabant, bello adeptus quiescenti offeram, exemplo divi Augusti qui sororis filium Marcellum, dein generum Agrippam, mox nepotes suos, postremo Tiberium Neronem privignum in proximo sibi fastigio conlocavit. sed Augustus in domo successorem quaesivit, ego in re publica, non quia propinquos aut socios belli non habeam, sed neque ipse imperium ambitione accepi, et iudicii mei documentum sit non meae tantum necessitudines, quas tibi postposui, sed et tuae. est tibi frater pari nobilitate, natu maior, dignus hac fortuna nisi tu potior esses...'

Otho: pretender to the principate

21. interea Othonem, cui compositis rebus nulla spes, omne in turbido consilium, multa simul extimulabant, luxuria etiam principi onerosa, inopia vix privato toleranda, in Galbam ira, in Pisonem invidia; fingebat et metum quo magis concupisceret: praegravem se Neroni fuisse, nec Lusitaniam rursus et alterius exilii honorem expectandum. suspectum semper invisumque dominantibus qui proximus destinaretur. nocuisse id sibi apud senem principem, magis nociturum apud iuvenem ingenio trucem et longo exilio efferatum: occidi Othonem posse...

adprehēnsā: adprehendere *take, clasp*
Pīsōnis: Pīsō, m. *a Roman noble*
fertur: ferre *say*
prīvātus, m. *private citizen*
lēge cūriātā: lēx cūriāta, f. *law passed by the comitia curiata, an assembly of the people*
pontificēs: pontifex, m. *priest*
ēgregium: ēgregius *splendid, glorious*
Cn. Pompeī: Cn. Pompeius, m. *Pompey the Great*
M. Crassī: M. Crassus, m. *Roman statesman and financier*
subolem: subolēs, f. *descendant*
penātēs: penātēs, m.pl. *household*
adscīscere *adopt, introduce*
īnsigne: īnsignis *fine, honourable*
5 Sulpiciae: Sulpicius *of the family of the Sulpicii*
Lutātiae: Lutātius *of the family of the Lutatii*
decora: decus, n. *honour, glory*
adiēcisse: adicere *add*
cōnsēnsū: cōnsēnsus, m. *will*
praeclāra: praeclārus *distinguished, illustrious*

indolēs, f. *character, qualities*
maiōrēs, m.pl. *ancestors*
quiēscentī *to you in time of peace*
Augustī: Augustus, m. *the first Roman emperor, 29 B.C.–A.D. 14*
10 Agrippam: Agrippa, m. *Roman general and statesman*
nepōtēs: nepōs, m. *grandson*
Tiberium Nerōnem: Tiberius Nerō, m. *Roman emperor after Augustus, A.D. 14–37*
prīvignum: prīvignus, m. *step-son*
fastīgiō: fastīgium, n. *high rank*
conlocāvit = collocāvit
ambitiōne: ambitiō, f. *self-interest, self-seeking*
15 documentum, n. *proof*
necessitūdinēs, f.pl. *relations, connections*
postposuī: postpōnere *put after, pass over*
nātū maior *older*
potior *preferable, worthier*

in turbidō *in disorder, turmoil*
extimulābant: extimulāre *sting into action, spur on*
luxuria, f. *extravagance*
onerōsa: onerōsus *burdensome, ruinous*
inopia, f. *poverty*
invidia, f. *jealousy, envy*
fingēbat: fingere *invent, conjure up*
quō magis *so that . . . the more*

5 concupīsceret: concupīscere *desire strongly, feed one's desires*
praegravem: praegravis *troublesome*
Lūsītāniam: Lūsītānia, f. *part of the province of Spain, roughly corresponding to modern Portugal*
trucem: trux *harsh*
10 efferātum: efferāre *make savage, exasperate*

22. non erat Othonis mollis et corpori similis animus. et intimi libertorum servorumque, corruptius quam in privata domo habiti, aulam Neronis et luxus, adulteria, matrimonia ceterasque regnorum libidines avido talium, si auderet, ut sua ostentantes, quiescenti ut aliena exprobrabant, urgentibus etiam mathematicis, dum novos motus et clarum Othoni annum observatione siderum adfirmant, genus hominum potentibus infidum, sperantibus fallax, quod in civitate nostra et vetabitur semper et retinebitur. multos secreta Poppaeae mathematicos, pessimum principalis matrimonii instrumentum, habuerant: e quibus Ptolemaeus Othoni in Hispania comes, cum superfuturum eum Neroni promisisset, postquam ex eventu fides, coniectura iam et rumore senium Galbae et iuventam Othonis computantium persuaserat fore ut in imperium adscisceretur. sed Otho tamquam peritia et monitu fatorum praedicta accipiebat, cupidine ingenii humani libentius obscura credendi. nec deerat Ptolemaeus, iam et sceleris instinctor, ad quod facillime ab eius modi voto transitur.

The coup begins

27. octavo decimo kalendas Februarias sacrificanti pro aede Apollinis Galbae haruspex Umbricius tristia exta et instantes insidias ac domesticum hostem praedicit, audiente Othone (nam proximus adstiterat) idque ut laetum e contrario et suis cogitationibus prosperum interpretante. nec multo post libertus Onomastus nuntiat expectari eum ab architecto et redemptoribus, quae significatio coeuntium iam militum et paratae coniurationis convenerat. Otho, causam digressus requirentibus, cum emi sibi praedia vetustate suspecta eoque prius exploranda finxisset, innixus liberto per Tiberianam domum in Velabrum, inde ad miliarium aureum sub aedem Saturni pergit. ibi tres et

intimī: intimus *close, confidentia*
habitī: habēre *treat*
aulam: aula, f. *court*
luxūs: luxus, m. *extravagance*
rēgnōrum: rēgnum, n. *royalty, tyranny*
ut *as*
5 ostentantēs: ostentāre *show, dangle in front of*
quiēscentī: quiēscere *do nothing, fail to act*
exprobrābant: exprobrāre *reproach*
urgentibus: urgēre *urge, egg on*
mathēmaticīs: mathēmaticus, m. *astrologer*
mōtūs: mōtus, m. *movement, revolution*
īnfidum: īnfidus *treacherous, unreliable*
fallāx *misleading*
vetābitur: vetāre *forbid, prohibit*
sēcrēta, n.pl. *confidential advisers, private entourage*
10 Poppaeae: Poppaea, f. *wife of Otho, then of Nero*
prīncipālis: prīncipālis *imperial, with the emperor*

īnstrūmentum, n. *means of effecting, tool*
habuerant: habēre *include, contain*
Hispāniā: Hispānia, f. *Roman province, now Spain and Portugal*
superfutūrum (esse): superesse *outlive, survive*
ēventū: ēventus, m. *outcome*
fidēs, f. *belief, trust, credit*
coniectūrā: coniectūra, f. *guesswork*
senium: senium, n. *age, decrepitude*
iuventam: iuventa, f. *youth*
computantium: computāre *estimate, appraise*
15 perītiā: perītia, f. *experience, knowledge, skill*
praedicta: praedictum, n. *prediction, prophecy*
cupīdine: cupīdō, f. *eagerness, tendency*
īnstīnctor, m. *instigator*
vōtō: vōtum, n. *wish, aspiration*
trānsitur: trānsīre *cross over, make the transition*

octāvō decimō kalendās Februāriās *on 15 January*
aede: aedēs, f. *temple*
Apollinis: Apollō, m. *the god Apollo*
trīstia: trīstis *ill-omened*
exta: exta, n.pl. *entrails*
īnstantēs: īnstāns *imminent, threatening*
domesticum: domesticus *in the household*
praedīcit: praedīcere *announce, declare*
5 cōgitātiōnibus: cōgitātiō, f. *plan, design*
redēmptōribus: redēmptor, m. *builder, contractor*
significātiō, f. *sign, signal*
coeuntium: coīre *assemble, gather*

convēnerat: convenīre *be agreed*
dīgressūs: dīgressus, m. *departure*
10 vetustāte: vetustās, f. *age*
eōque *and for that reason*
exploranda: explōrāre *examine, survey*
innīxus: innītī *lean on*
Tiberiānam: Tiberiānus *of Tiberius*
Vēlābrum: Vēlābrum, n. *a busy street in Rome*
inde *from there*
mīliārium aureum: mīliārium aureum, n. *the golden mile-stone, from which all distances were calculated*
Sāturnī: Sāturnus, m. *the god Saturn*
pergit: pergere *continue, proceed*

15 viginti speculatores consalutatum imperatorem ac paucitate salutantium trepidum et sellae festinanter impositum strictis mucronibus rapiunt; totidem ferme milites in itinere adgregantur, alii conscientia, plerique miraculo, pars clamore et gladiis, pars silentio, animum ex eventu sumpturi.

Rome falls prey to a chaos of rumours and indecision. Otho wins the complete allegiance of the Praetorian guard, but reports say he has been killed. Galba is carried out to address the mob.

The death of Galba

40. agebatur huc illuc Galba vario turbae fluctuantis impulsu, completis undique basilicis ac templis, lugubri prospectu. neque populi aut plebis ulla vox, sed attoniti vultus et conversae ad omnia aures; non tumultus, non quies, quale
5 magni metus et magnae irae silentium est. Othoni tamen armari plebem nuntiabatur; ire praecipites et occupare pericula iubet. igitur milites Romani, quasi Vologaesum aut Pacorum avito Arsacidarum solio depulsuri ac non imperatorem suum inermem et senem trucidare pergerent, disiecta
10 plebe, proculcato senatu, truces armis, rapidi equis forum inrumpunt. nec illos Capitolii aspectus et imminentium templorum religio et priores et futuri principes terruere quo minus facerent scelus cuius ultor est quisquis successit.

41. viso comminus armatorum agmine vexillarius comitatae Galbam cohortis (Atilium Vergilionem fuisse tradunt) dereptam Galbae imaginem solo adflixit: eo signo manifesta in Othonem omnium militum studia, desertum fuga populi
5 forum, districta adversus dubitantes tela. iuxta Curtii lacum trepidatione ferentium Galba proiectus e sella ac provolutus est. extremam eius vocem, ut cuique odium aut admiratio fuit, varie prodidere. alii suppliciter interrogasse quid mali meruisset, paucos dies exolvendo donativo

speculātōrēs: speculātor, m. *body-guard*
cōnsalūtātum: cōnsalūtāre *salute as*
paucitāte: paucitās, f. *small number, fewness*
trepidum: trepidus *scared*
festīnanter *hurriedly*
strictīs: stringere *draw, unsheathe*
15 mucrōnibus: mucrō, m. *sword*
rapiunt: rapere *hurry one away*

totidem *as many again*
fermē *about*
adgregantur: adgregārī *flock together, join*
cōnscientiā: cōnscientia, f. *knowledge of the plot*
mīrāculō: mīrāculum, n. *unusual happening*
animum ... sūmptūrī *who would make up their minds, take their cue*

flūctuantis: flūctuāre *surge*
impulsū: impulsus, m. *pressure, tide*
basilicīs: basilica, f. *public building*
lūgubrī: lūgubris *grim, mournful*
prōspectū: prōspectus, m. *sight, scene*
plēbis: plēbs, f. *common people, mob*
6 occupāre *forestall, anticipate*
Vologaesum: Vologaesus, m. *king of Parthia*
Pacorum: Pacorus, m. *brother of Vologaesus*
avītō: avītus *ancestral*
Arsacidārum: Arsacidae, m.pl. *the family of the Parthian kings*
soliō: solium, n. *throne*
dēpulsūrī: dēpellere *depose*

inermem: inermis *unarmed, defence-less*
trucīdāre *murder, butcher*
disiectā: disicere *scatter*
10 prōculcātō: prōculcāre *trample on, mow down*
rapidī: rapidus *swift, charging*
imminentium: imminēre *tower above, look down on*
religiō, f. *sanctity*
quō minus *so that ... not, from*
ultor, m. *avenger*
quisquis *whoever*
successit: succēdere *succeed to the throne*

comminus *close at hand*
vexillārius, m. *standard-bearer*
trādunt: trādere *say*
dēreptam: dēripere *tear down*
imāginem: imāgō, f. *portrait medallion (on the standard)*
solō: solum, n. *ground*
adflīxit: adflīgere *hurl, fling*
studia, n.pl. *feelings, enthusiasm*
5 tēla: tēlum, n. *weapon, sword*
iuxtā *near*
Curtiī lacum: lacus Curtiī, m. *the Lacus Curtius, part of the Forum, once a marsh*
trepidātiōne: trepidātiō, f. *panic, terror*

prōiectus ... est: prōicere *throw forward*
prōvolūtus est: prōvolvere *roll over*
extrēmam: extrēmus *last*
vōcem: vōx, f. *utterance, words*
variē *differently*
prōdidēre: prōdere *report*
suppliciter *pleadingly*
interrogāsse = interrogāvisse
malī: malum, n. *evil*
meruisset: merēre *deserve*
exolvendō dōnātīvō *for paying a bounty (gift of money to each soldier)*

deprecatum: plures obtulisse ultro percussoribus iugulum: agerent ac ferirent, si ita e re publica videretur. non interfuit occidentium quid diceret. de percussore non satis constat: quidam Terentium evocatum, alii Laecanium; crebrior fama tradidit Camurium quintae decimae legionis militem impresso gladio iugulum eius hausisse. ceteri crura brachiaque (nam pectus tegebatur) foede laniavere; pleraque vulnera feritate et saevitia trunco iam corpori adiecta.

Galba's obituary

49. Galbae corpus diu neglectum et licentia tenebrarum plurimis ludibriis vexatum dispensator Argius e prioribus servis humili sepultura in privatis eius hortis contexit. caput per lixas calonesque suffixum laceratumque ante Patrobii tumulum (libertus is Neronis punitus a Galba fuerat) postera demum die repertum et cremato iam corpori admixtum est. hunc exitum habuit Servius Galba, tribus et septuaginta annis quinque principes prospera fortuna emensus et alieno imperio felicior quam suo. vetus in familia nobilitas, magnae opes: ipsi medium ingenium, magis extra vitia quam cum virtutibus. famae nec incuriosus nec venditator; pecuniae alienae non adpetens, suae parcus, publicae avarus; amicorum libertorumque, ubi in bonos incidisset, sine reprehensione patiens, si mali forent, usque ad culpam ignarus. sed claritas natalium et metus temporum obtentui, ut, quod segnitia erat, sapientia vocaretur. dum vigebat aetas militari laude apud Germanias floruit. pro consule Africam moderate, iam senior citeriorem Hispaniam pari iustitia continuit, maior privato visus dum privatus fuit, et omnium consensu capax imperii nisi imperasset.

10 dēprecātum: dēprecārī *beg*
ultrō *voluntarily, of his own accord*
percussōribus: percussor, m. *murderer*
iugulum: iugulum, n. *throat*
ferīrent: ferīre *strike*
ē rē pūblicā *for the good of the republic*
interfuit+Form D (genitive): interesse *make any difference to*
nōn satis cōnstat *there is no agreement*
ēvocātum: ēvocātus, m. *veteran on reserve duties*

quīntae decimae: quīntus decimus *fifteenth*
15 impressō: imprimere *thrust in*
hausisse: haurīre *tear open*
crūra: crūs, n. *leg*
tegēbātur: tegere *cover, protect*
foedē *foully, horribly*
laniāvēre: laniāre *hack at, make mincemeat of*
feritāte: feritās, f. *brutality*
saevitiā: saevitia, f. *savagery*
truncō: truncus *limbless, dismembered*

lūdibriīs: lūdibrium, n. *insult, outrage*
dispēnsātor, m. *steward*
humilī: humilis *humble*
sepultūrā: sepultūra, f. *burial, funeral*
contēxit: contegere *bury*
lixās: lixa, m. *camp-follower*
cālōnēs: cālō, m. *soldier's servant*
suffīxum: suffīgere *impale*
lacerātum: lacerāre *mutilate, mangle*
5 tumulum: tumulus, m. *tomb*
posterā: posterus *next, following*
dēmum *at last, finally*
admixtum est: admiscēre *add to, set with*
septuāgintā *seventy*
ēmēnsus: ēmētīrī *measure, live through*
fēlīcior: fēlīx *lucky, happy*
10 medium: medius *neutral, indeterminate*
extrā *without*
vitia: vitium, n. *vice, fault*
incūriōsus *indifferent, careless*
vēnditātor, m. *boaster*
adpetēns *grasping, greedy*
parcus *sparing, thrifty*
avārus *miserly, stingy*

incidisset: incidere *come across*
reprehēnsiōne: reprehēnsiō, f. *reproof, criticism*
patiēns *tolerant*
15 usque ad *to the point of*
culpam: culpa, f. *blame*
clāritās, f. *fame, distinction*
nātālium: nātālēs, m.pl. *family*
obtentuī (erant) *were a cover, a screen*
sēgnitia, f. *inertia, lethargy*
sapientia, f. *wisdom*
vigēbat: vigēre *be vigorous*
laude: laus, f. *praise, distinction*
Germāniās: Germāniae, f.pl. *the German provinces*
flōruit: flōrēre *flourish, be distinguished*
prō cōnsule *as proconsul*
moderātē *with moderation*
senior *older*
citeriōrem Hispāniam: Hispānia citerior, f. *the province of Nearer Spain*
iūstitiā: iūstitia, f. *justice, integrity*
continuit: continēre *control, govern*
20 capāx *capable, fit*
imperāsset = imperāvisset

Disquiet in Rome: the choice of two evils

50. trepidam urbem ac simul atrocitatem recentis sceleris, simul veteres Othonis mores paventem novus insuper de Vitellio nuntius exterruit, ante caedem Galbae suppressus ut tantum superioris Germaniae exercitum descivisse crederetur. tum duos omnium mortalium impudicitia ignavia luxuria deterrimos velut ad perdendum imperium fataliter electos non senatus modo et eques, quis aliqua pars et cura rei publicae, sed vulgus quoque palam maerere. nec iam recentia saevae pacis exempla sed repetita bellorum civilium memoria captam totiens suis exercitibus urbem, vastitatem Italiae, direptiones provinciarum, Pharsaliam Philippos et Perusiam ac Mutinam, nota publicarum cladium nomina, loquebantur. prope eversum orbem etiam cum de principatu inter bonos certaretur, sed mansisse G. Iulio, mansisse Caesare Augusto victore imperium; mansuram fuisse sub Pompeio Brutoque rem publicam: nunc pro Othone an pro Vitellio in templa ituros? utrasque impias preces, utraque detestanda vota inter duos, quorum bello solum id scires, deteriorem fore qui vicisset. erant qui Vespasianum et arma Orientis augurarentur, et ut potior utroque Vespasianus, ita bellum aliud atque alias clades horrebant. et ambigua de Vespasiano fama, solusque omnium ante se principum in melius mutatus est.

atrōcitātem: atrōcitās, f. *barbarity, enormity*
veterēs: vetus *known of old, well-known*
mōrēs: mōrēs, m.pl. *behaviour, capabilities*
paventem: pavēre *dread, fear*
īnsuper *in addition*
nūntius, m. *news*
exterruit: exterrēre *alarm, horrify*
suppressus: supprimere *keep secret, suppress*
exercitum: exercitus, m. *army*
dēscīvisse: dēscīscere *mutiny, revolt*
impudicitiā: impudicitia, f. *immorality*
ignāviā: ignāvia, f. *idleness*
dēterrimōs: dēterrimus *worst*
velut *seemingly*
perdendum: perdere *ruin*
fātāliter *by fate*
eques, m. *the equestrian order*
quīs = quibus
vulgus, n. *the ordinary people*
palam *openly*
maerēre *mourn, regret*
10 totiēns *so often*
vāstitātem: vāstitās, f. *devastation*
dīreptiōnēs: dīreptiō, f. *ravaging, pillaging*

Pharsāliam: Pharsālia, f. *an area in N. Greece, where Caesar defeated Pompey in 48 B.C.*
Philippōs: Philippī, m.pl. *a city in N. Greece, where Octavian defeated Brutus and Cassius in 42 B.C.*
Perusiam: Perusia, f. *a city in central Italy, sacked by Octavian in 41 B.C. (now Perugia)*
Mutinam: Mutina, f. *a city in N. Italy, where Octavian defeated Antony in 43 B.C.*
prope *almost*
ēversum (esse): ēvertere *overturn*
orbem: orbis, m. *world*
G. Iūliō: G. Iūlius, m. *Julius Caesar*
16 Brūtō: Brūtus, m. *one of Caesar's murderers*
dētestanda: dētestandus *abominable, detestable*
dēteriōrem: dēterior *worse*
erant quī *there were some who*
20 augurārentur: augurārī *speculate about*
ut . . . ita *although . . . yet*
horrēbant: horrēre *dread, shudder at (the thought of)*
in melius *for the better*

II

Tacitus reflects on man's desire for power

38. vetus ac iam pridem insita mortalibus potentiae cupido cum imperii magnitudine adolevit erupitque; nam rebus modicis aequalitas facile habebatur. sed ubi subacto orbe et aemulis urbibus regibusve excisis securas opes concupi-
5 scere vacuum fuit, prima inter patres plebemque certamina exarsere. modo turbulenti tribuni, modo consules praevalidi, et in urbe ac foro temptamenta civilium bellorum; mox e plebe infima C. Marius et nobilium saevissimus L. Sulla victam armis libertatem in dominationem verterunt.
10 post quos Cn. Pompeius occultior non melior, et numquam postea nisi de principatu quaesitum. non discessere ab armis in Pharsalia ac Philippis civium legiones, nedum Othonis ac Vitellii exercitus sponte posituri bellum fuerint: eadem illos deum ira, eadem hominum rabies, eaedem
15 scelerum causae in discordiam egere. quod singulis velut ictibus transacta sunt bella, ignavia principum factum est. sed me veterum novorumque morum reputatio longius tulit: nunc ad rerum ordinem venio.

Caecina and Valens have led Vitellius' Rhine forces into Italy, while Vitellius dawdles behind them. Otho prepares to meet them near Cremona, but retreats from the battle-scene himself to Brixellum, on the advice of his staff. Caecina prepares to bridge the Po.

The first battle of Cremona (Bedriacum)

39. profecto Brixellum Othone honor imperii penes Titianum fratrem, vis ac potestas penes Proculum praefectum; Celsus et Paulinus, cum prudentia eorum nemo uteretur, inani nomine ducum alienae culpae praetendebantur; tribuni
5 centurionesque ambigui quod spretis melioribus deterrimi valebant; miles alacer, qui tamen iussa ducum interpretari quam exequi mallet...

īnsita: īnsitus *natural, instinctive*
adolēvit: adolēscere *grow*
ērūpit: ērumpere *break out*
modicīs: modicus *small, modest*
aequālitās, f. *equality*
subāctō: subigere *conquer*
aemulīs: aemulus *rival*
excīsīs: excīdere *cut out, remove*
5 patrēs: patrēs, m.pl. *senators, senate*
exarsēre: exardēscere *flare up, break out*
modo . . . modo *sometimes . . . sometimes*
praevalidī: praevalidus *over-powerful*
temptāmenta: temptāmentum, n. *attempt, practice attempt*
īnfima: īnfimus *lowest*
C. Marius, m. *Roman general and statesman, 157–85 B.C.*

L. Sulla, m. *Roman general and dictator, 138–78 B.C.*
dominātiōnem: dominātiō, f. *tyranny*
10 occultior: occultus *secretive, discreet*
nēdum *still less*
sponte *voluntarily*
positūrī . . . fuerint *would have been likely to give up*
rabiēs, f. *madness, fury*
15 discordiam: discordia, f. *strife*
quod *the fact that*
velut *so to speak*
ictibus: ictus, m. *blow*
trānsācta sunt: trānsigere *bring to an end, decide*
reputātiō, f. *consideration, reflection*
ōrdinem: ōrdō, m. *sequence, course*

Brixellum: Brixellum, n. *a town in N. Italy*
honor = honōs, m. *title, trappings*
penes *in the hands of*
vīs, f. *might, power*
Celsus, m. *one of Otho's generals*
Paulīnus, m. *Suetonius Paulinus, a general and a previous governor of Britain*
ūterētur: ūtī *use, heed*

praetendēbātur: praetendere *use as a screen, make a scapegoat*
5 ambiguī: ambiguus *wavering, undecided*
valēbant: valēre *have power, be in control*
alacer *cheerful, in good spirits*
interpretārī *interpret, put one's own construction on*
exequī *carry out, obey*

41. eodem die ad Caecinam operi pontis intentum duo praetoriarum cohortium tribuni, conloquium eius postulantes, venerunt: audire condiciones ac reddere parabat, cum praecipites exploratores adesse hostem nuntiavere. interruptus tribunorum sermo, eoque incertum fuit insidias an proditionem vel aliquod honestum consilium coeptaverint. Caecina dimissis tribunis revectus in castra datum iussu Fabii Valentis pugnae signum et militem in armis invenit. dum legiones de ordine agminis sortiuntur, equites prorupere; et mirum dictu, a paucioribus Othonianis quo minus in vallum inpingerentur, Italicae legionis virtute deterriti sunt: ea strictis mucronibus redire pulsos et pugnam resumere coegit. disposita Vitellianarum legionum acies sine trepidatione: etenim quamquam vicino hoste aspectus armorum densis arbustis prohibebatur. apud Othonianos pavidi duces, miles ducibus infensus, mixta vehicula et lixae, et praeruptis utrimque fossis via quieto quoque agmini angusta. circumsistere alii signa sua, quaerere alii; incertus undique clamor adcurrentium, vocantium: ut cuique audacia vel formido, in primam postremamve aciem prorumpebant aut relabebantur.

42. attonitas subito terrore mentes falsum gaudium in languorem vertit, repertis qui descivisse a Vitellio exercitum ementirentur. is rumor ab exploratoribus Vitellii dispersus, an in ipsa Othonis parte seu dolo seu forte surrexerit, parum compertum. omisso pugnae ardore Othoniani ultro salutavere; et hostili murmure excepti, plerisque suorum ignaris quae causa salutandi, metum proditionis fecere. tum incubuit hostium acies, integris ordinibus, robore et numero praestantior: Othoniani, quamquam dispersi, pauciores, fessi, proelium tamen acriter sumpsere. et per locos arboribus ac vineis impeditos non una pugnae facies: comminus eminus, catervis et cuneis concurrebant. in aggere viae conlato gradu corporibus et umbonibus niti,

Caecīnam: Caecīna, m. *a general on the side of Vitellius*
operī: opus, n. *work, construction*
praetōriārum: praetōrius *praetorian, of the imperial bodyguard*
condiciōnēs: condiciō, f. *proposal*
reddere *reply to*
explōrātōrēs: explōrātor, m. *scout*
6 prōditiōnem: prōditiō, f. *betrayal*
coeptāverint: coeptāre *initiate, broach*
revectus: revehī *ride back*
Fabiī Valentis: Fabius Valēns, m. *another general who supported Vitellius*
sortiuntur: sortīrī *draw lots*
prōrūpēre: prōrumpere *burst out, charge*
10 mīrum dictū *strange to say, surprisingly*
Othōniānīs: Othōniānī, m.pl. *supporters of Otho*
vallum: vallum, n. *rampart*
inpingerentur: inpingere *force back against*

dēterritī sunt: dēterrēre *deter, prevent*
pulsōs: pellere *drive back*
disposita (est): dispōnere *put into position, deploy*
Vitelliānārum: Vitelliānus *of Vitellius*
aciēs, f. *battle-line*
etenim *for*
vīcīnō: vīcīnus *near*
15 arbustīs: arbustum, n. *plantation where vines were grown*
pavidī: pavidus *scared, frightened*
mixta: mixtus *confused, in confusion*
praeruptīs: praeruptus *steep-sided*
utrimque *on both sides*
fossīs: fossa, f. *ditch*
quiētō: quiētus *orderly, calm*
quoque *even*
angusta: angustus *narrow*
circumsistere *gather round*
ut *as*
20 formīdō, f. *fright*
postrēmam: postrēmus *last, rear*
relābēbantur: relābī *slink back*

subitō: subitus *sudden, unexpected*
languōrem: languor, m. *apathy, indifference*
ēmentīrentur: ēmentīrī *lie, put out false reports*
dispersus (sit): dispergere *spread*
parte: pars, f. *side*
seu . . . seu *either . . . or*
dolō: dolus, m. *trick, stratagem*
parum compertum (est utrum) *it is not definitely known whether*
5 ardōre: ardor, m. *enthusiasm*
salūtāvēre (*supply* hostēs)
murmure: murmur, n. *growling*
exceptī: excipere *receive, greet*
incubuit: incumbere *press forward*
integrīs: integer *whole, unbroken*
rōbore: rōbur, n. *strength, vigour*

praestantior *superior*
10 proelium . . . sūmpsēre: proelium sūmere *join battle, go into action*
arboribus: arbor, f. *tree*
vīneīs: vīnea, f. *vine*
impedītōs: impedītus *obstructed*
ēminus *at long range*
catervīs: caterva, f. *band, loose formation*
cuneīs: cuneus, m. *close formation, column*
concurrēbant: concurrere *run together, clash*
aggere viae: agger viae, m. *raised road, causeway*
conlātō gradū *at close quarters*
umbōnibus: umbō, m. *shield-boss, shield*
nītī *lean, press*

omisso pilorum iactu gladiis et securibus galeas loricasque perrumpere: noscentes inter se, ceteris conspicui, in eventum totius belli certabant.

Otho hears of his army's defeat: his advisers plead with him to continue the battle

Otho – the last chapter

47. ipse aversus a consiliis belli 'hunc' inquit 'animum, hanc virtutem vestram ultra periculis obicere nimis grande vitae meae pretium puto. quanto plus spei ostenditis, si vivere placeret, tanto pulchrior mors erit. experti in vicem sumus ego ac fortuna. nec tempus conputaveritis: difficilius est temperare felicitati qua te non putes diu usurum. civile bellum a Vitellio coepit, et ut de principatu certaremus armis initium illic fuit: ne plus quam semel certemus penes me exemplum erit; hinc Othonem posteritas aestimet. fruetur Vitellius fratre, coniuge, liberis: mihi non ultione neque solaciis opus est. alii diutius imperium tenuerint, nemo tam fortiter reliquerit. an ego tantum Romanae pubis, tot egregios exercitus sterni rursus et rei publicae eripi patiar? eat hic mecum animus, tamquam perituri pro me fueritis, set este superstites. nec diu moremur, ego incolumitatem vestram, vos constantiam meam. plura de extremis loqui pars ignaviae est. praecipuum destinationis meae documentum habete quod de nemine queror; nam incusare deos vel homines eius est qui vivere velit.'

Otho's suicide

49. post quae dimotis omnibus paulum requievit. atque illum supremas iam curas animo volutantem repens tumultus avertit, nuntiata consternatione ac licentia militum; namque abeuntibus exitium minitabantur, atrocis-

pīlōrum: pīlum, n. *javelin*
iactū: iactus, m. *hurling, discharge*
secūribus: secūris, f. *axe* 15
galeās: galea, f. *helmet*
lōrīcās: lōrīca, f. *breastplate*
nōscentēs: nōscere *know, recognise*

ultrā *further*
obicere *expose to, subject to*
grande: grandis *great, high*
quantō plūs ... tantō pulchrior *the more ... the finer*
expertī in vicem sumus *have put one another to the test*
5 nec...conputāverītis *and do not reckon*
temperāre *use with moderation*
fēlīcitātī: fēlīcitās, f. *good fortune, success*
ūsūrum: ūtī *use, enjoy*
illīc *on that side, with him*
semel *once*
hinc *from here, by this act*
10 fruētur: fruī *enjoy life with*
mihi ... opus est *I need*
sōlāciīs: sōlācium, n. *consolation*
pūbis: pūbēs, f. *youth, young people*
sternī: sternere *lay low*

ēripī: ēripere *snatch away*
patiar: patī *allow*
animus, m. *thought*
tamquam *that*
peritūrī ... fuerītis *you would have died*
15 set = sed
este superstitēs *live on, stay alive*
incolumitātem: incolumitās, f. *safety*
extrēmīs: extrēma, n.pl. *desperate situation*
pars, f. *part, sign*
ignāviae: ignāvia, f. *cowardice*
praecipuum: praecipuus *particular, chief*
dēstinātiōnis: dēstinātiō, f. *determination, resolution*
queror: querī *complain*
incūsāre *denounce*

dīmōtīs: dīmovēre *dismiss*
paulum *a little, for a short time*
requiēvit: requiēscere *rest*
suprēmās: suprēmus *last*
volūtantem: volūtāre *turn over, consider*
repēns *sudden*
āvertit: āvertere *distract*
cōnsternātiōne: cōnsternātiō, f. *disorder, disturbance*
licentiā: licentia, f. *unruliness*
minitābantur: minitārī *threaten*

23

sima in Verginium vi, quem clausa domo obsidebant.
increpitis seditionis auctoribus regressus vacavit abeuntium
adloquiis, donec omnes inviolati digrederentur. vespera-
scente die sitim haustu gelidae aquae sedavit. tum adlatis
pugionibus duobus, cum utrumque pertemptasset, alterum
capiti subdidit. et explorato iam profectos amicos, noctem
quietam, utque adfirmatur, non insomnem egit: luce prima
in ferrum pectore incubuit. ad gemitum morientis ingressi
liberti servique et Plotius Firmus praetorii praefectus unum
vulnus invenere. funus maturatum; ambitiosis id precibus
petierat ne amputaretur caput ludibrio futurum. tulere
corpus praetoriae cohortes cum laudibus et lacrimis, vulnus
manusque eius exosculantes. quidam militum iuxta rogum
interfecere se, non noxa neque ob metum, sed aemulatione
decoris et caritate principis. ac postea promisce Bedriaci,
Placentiae aliisque in castris celebratum id genus mortis.
Othoni sepulchrum extructum est modicum et mansurum.
hunc vitae finem habuit septimo et tricensimo aetatis anno.

Vitellius visits the scene of the battle

70. inde Vitellius Cremonam flexit et spectato munere
Caecinae insistere Bedriacensibus campis ac vestigia recentis
victoriae lustrare oculis concupivit, foedum atque atrox
spectaculum. intra quadragensimum pugnae diem lacera
corpora, trunci artus, putres virorum equorumque formae,
infecta tabo humus, protritis arboribus ac frugibus dira
vastitas. nec minus inhumana pars viae quam Cremonenses
lauru rosaque constraverant, extructis altaribus caesisque
victimis regium in morem; quae laeta in praesens mox
perniciem ipsis fecere. aderant Valens et Caecina, monstra-
bantque pugnae locos: hinc inrupisse legionum agmen, hinc
equites coortos, inde circumfusas auxiliorum manus: iam
tribuni praefectique, sua quisque facta extollentes, falsa vera
aut maiora vero miscebant. vulgus quoque militum clamore
et gaudio deflectere via, spatia certaminum recognoscere,

5 Verginium: Verginius, m. *Verginius Rufus, consul under Nero in A.D. 63, now consul suffectus under Otho*
obsidēbant: obsidēre *besiege*
increpitīs: increpāre *rebuke*
vacāvit: vacāre *find time (for)*
adloquiīs: adloquium, n. *talk*
dōnec *until*
inviolātī: inviolātus *unharmed*
dīgrederentur: dīgredī *go away*
vesperāscente: vesperāscere *grow towards evening*
sitim: sitis, f. *thirst*
haustū: haustus, m. *draught, drink*
gelidae: gelidus *cold*
sēdāvit: sēdāre *quench*
adlātīs: adferre *bring*
pertemptāsset = pertemptāvisset: pertemptāre *test carefully*
10 subdidit: subdere *put under*
explōrātō *when he had checked that*
īnsomnem: īnsomnis *sleepless*

lūce prīmā *at daybreak*
incubuit: incumbere *fall on*
gemitum: gemitus, m. *groan*
mātūrātum (est): mātūrāre *rush*
ambitiōsīs: ambitiōsus *earnest*
15 petierat = petīverat
exōsculantēs: exōsculārī *kiss fervently, cover with kisses*
rogum: rogus, m. *pyre*
noxā: noxa, f. *feeling of guilt*
aemulātiōne: aemulātiō, f. *rivalry, desire to imitate*
cāritāte: cāritās, f. *affection, love*
prōmiscē *in all quarters*
Bēdriacī: Bēdriacum, n. *a village in N. Italy near the battlefield*
20 Placentiae: Placentia, f. *a town in N. Italy*
celebrātum (est): celebrāre *perform, practise*
septimō: septimus *seventh*
trīcēnsimō: trīcēnsimus *thirtieth*

flexit: flectere *turn off*
mūnere: mūnus, n. *gladiatorial show*
īnsistere *set foot in, visit*
Bēdriacēnsibus: Bēdriacēnsis *of, near Bedriacum*
campīs: campus, m. *plain, battlefield*
vestīgia: vestīgium, n. *trace*
lūstrāre *inspect*
intrā *within, before*
quadrāgēnsimum: quadrāgēnsimus *fortieth*
lacera: lacer *mutilated, mangled*
5 truncī: truncus *severed*
artūs: artus, m. *limb*
putrēs: puter *rotting*
īnfecta: īnficere *stain, saturate*
tābō: tābum, n. *gore*
prōtrītīs: prōterere *trample, flatten*
frūgibus: frūgēs, f.pl. *fruit*
inhūmāna: inhūmānus *inhuman, revolting*

Cremōnēnsēs, m.pl. *the people of Cremona*
laurū: laurus, f. *laurel*
cōnstrāverant: cōnsternere *strew*
rēgium: rēgius *royal, of a despot*
in praesēns *for the present*
10 perniciem: perniciēs, f. *destruction*
mōnstrābant: mōnstrāre *point out*
coortōs (esse): coorīrī *spring to the attack, charge*
circumfūsās (esse): circumfundī *surround*
auxiliōrum: auxilia, n.pl. *auxiliaries*
manūs: manus, f. *band, force*
facta: factum, n. *deed*
extollentēs: extollere *extol, praise*
15 dēflectere *turn off*
spatia: spatium, n. *extent, scene*
recognōscere *recognise, identify*

aggerem armorum, strues corporum intueri mirari; et erant quos varia sors rerum lacrimaeque et misericordia subiret. at non Vitellius flexit oculos nec tot milia insepultorum civium exhorruit: laetus ultro et tam propinquae sortis
20   ignarus instaurabat sacrum dis loci.

Meanwhile, in the East, Vespasian is on the move. By 15 *July, the Syrian legions have given him allegiance, and many of the Balkan legions have come over too. In early September, Vespasian's general Antonius Primus enters Italy, and on* 24 *October pitches camp outside Cremona to face Vitellius' army. After fierce fighting, the Vitellian force is defeated, and Cremona lies helpless in the face of Vespasian's men.*

aggerem: agger, m. *heap*
struēs: struēs, f. *pile*
intuērī *gaze at*
mīrārī *marvel, gape at*
sors, f. *fortune, fate*
misericordia, f. *pity*
subīret: subīre *overwhelm*

īnsepultōrum: īnsepultus *unburied*
exhorruit: exhorrēre *shudder at, flinch at*
laetus ultrō *actually delighted*
20 īnstaurābat: īnstaurāre *make, offer*
sacrum: sacrum, n. *sacrifice*

III

The sack of Cremona

32. plebs interim Cremonensium inter armatos conflictabatur; nec procul caede aberant, cum precibus ducum mitigatus est miles. et vocatos ad contionem Antonius adloquitur, magnifice victores, victos clementer, de Cremona in neutrum. exercitus praeter insitam praedandi cupidinem vetere odio ad excidium Cremonensium incubuit...

33. quadraginta armatorum milia inrupere, calonum lixarumque amplior numerus et in libidinem ac saevitiam corruptior. non dignitas, non aetas protegebat quo minus stupra caedibus, caedes stupris miscerentur. grandaevos senes, exacta aetate feminas, viles ad praedam, in ludibrium trahebant: ubi adulta virgo aut quis forma conspicuus incidisset, vi manibusque rapientium divulsus ipsos postremo direptores in mutuam perniciem agebat. dum pecuniam vel gravia auro templorum dona sibi quisque trahunt, maiore aliorum vi truncabantur. quidam obvia aspernati verberibus tormentisque dominorum abdita scrutari, defossa eruere: faces in manibus, quas, ubi praedam egesserant, in vacuas domos et inania templa per lasciviam iaculabantur; utque exercitu vario linguis moribus, cui cives socii externi interessent, diversae cupidines et aliud cuique fas nec quicquam inlicitum. per quadriduum Cremona suffecit. cum omnia sacra profanaque in igne considerent, solum Mefitis templum stetit ante moenia, loco seu numine defensum.

34. hic exitus Cremonae anno ducentesimo octogesimo sexto a primordio sui. condita erat Ti. Sempronio P. Cornelio consulibus, ingruente in Italiam Annibale, propugnaculum adversus Gallos trans Padum agentes et si qua alia vis per Alpes rueret. igitur numero colonorum, opportunitate fluminum, ubere agri, adnexu conubiisque gentium adolevit floruitque, bellis externis intacta, civilibus infelix...

cōnflīctābātur: cōnflīctārī *be harassed*
mītigātus est: mītigāre *soothe, restrain*
contiōnem: contiō, f. *meeting, assembly*
adloquitur: adloquī *address*
magnificē *in generous terms*

clēmenter *mercifully*
in neutrum *in neither way*
praedandī: praedārī *plunder, pillage*
excidium: excidium, n. *destruction, massacre*
incubuit: incumbere *be eager for*

amplior: amplus *great, large*
prōtegēbat: prōtegere *afford protection*
stupra: stuprum, n. *rape*
grandaevōs: grandaevus *old, aged*
5 exāctā aetāte *of advanced age*
vīlēs: vīlis *valueless, worthless*
praedam: praeda, f. *booty, loot*
fōrmā: fōrma, f. *looks, beauty*
dīvulsus: dīvellere *tear, wrench apart*
dīreptōrēs: dīreptor, m. *plunderer*
10 truncābantur: truncāre *cut to pieces*
obvia: obvius *accessible, easy, obvious*
aspernātī: aspernārī *disdain, scorn*
abdita: abdere *hide, conceal*
scrūtārī *search out*
dēfossa: dēfodere *bury*
ēruere *drag out, tear up*

facēs: fax, f. *torch, firebrand*
ēgesserant: ēgerere *carry out*
lascīviam: lascīvia, f. *fun, wantonness*
iaculābantur: iaculārī *fling, toss*
ut *as you might expect*
15 externī: externus, m. *foreigner*
interessent: interesse *be part, belong*
fās, n. *idea of right*
inlicitum: inlicitus *forbidden*
per quadriduum *for four days*
suffēcit: sufficere *satisfy, provide satisfaction*
prōfāna: prōfānus *secular*
cōnsīderent: cōnsīdere *settle, collapse*
Mefītis: Mefītis, f. *Italian goddess of sulphurous vapours*
moenia: moenia, n.pl. *town walls*
nūmine: nūmen, n. *divine power*

ducentēsimō octōgēsimō sextō *286th*
prīmōrdiō: prīmōrdium, n. *origin, foundation*
condita erat: condere *found*
ingruente: ingruere *attack*
Annibale: Annibal, m. *Hannibal, the famous Carthaginian general*
prōpugnāculum, n. *bulwark, defence*
Gallōs: Gallī, m.pl. *the Gauls*
trāns *across*

Padum: Padus, m. *the river Po in N. Italy*
agentēs: agere *live, dwell*
5 colōnōrum: colōnus, m. *colonist, settler*
ūbere: ūber, n. *fertility*
adnexū: adnexus, m. *tie, connection*
cōnūbiīs: cōnūbium, n. *intermarriage*
intācta: intāctus *untouched, unaffected*

On 21 *December* 69, *Antonius reaches Rome, whose population witnesses the final stand of the Vitellians.*

The battle for Rome

83. aderat pugnantibus spectator populus, utque in ludicro certamine, hos, rursus illos clamore et plausu fovebat. quotiens pars altera inclinasset, abditos in tabernis aut si quam in domum perfugerant, erui iugularique expostulantes parte maiore praedae potiebantur: nam milite ad sanguinem et caedes obverso spolia in vulgus cedebant. saeva ac deformis urbe tota facies: alibi proelia et vulnera, alibi balineae popinaeque; simul cruor et strues corporum, iuxta scorta et scortis similes; quantum in luxurioso otio libidinum, quidquid in acerbissima captivitate scelerum, prorsus ut eandem civitatem et furere crederes et lascivire. conflixerant et ante armati exercitus in urbe, bis Lucio Sulla, semel Cinna victoribus, nec tunc minus crudelitatis: nunc inhumana securitas et ne minimo quidem temporis voluptates intermissae: velut festis diebus id quoque gaudium accederet, exultabant, fruebantur, nulla partium cura, malis publicis laeti.

84. plurimum molis in obpugnatione castrorum fuit, quae acerrimus quisque ut novissimam spem retinebant. eo intentius victores, praecipuo veterum cohortium studio, cuncta validissimarum urbium excidiis reperta simul admovent, testudinem tormenta aggeres facesque, quidquid tot proeliis laboris ac periculi hausissent, opere illo consummari clamitantes. urbem senatui ac populo Romano, templa dis reddita: proprium esse militis decus in castris: illam patriam, illos penates. ni statim recipiantur, noctem in armis agendam. contra Vitelliani, quamquam numero fatoque dispares, inquietare victoriam, morari pacem, domos arasque cruore foedare suprema victis solacia amplectebantur.

lūdicro certāmine *a fight at the games*
plausū: plausus, m. *clapping, applause*
fovēbat: fovēre *support, favour*
quotiēns *whenever*
inclīnāsset = inclīnāvisset: inclīnāre *yield, give way*
perfūgerant: perfugere *take refuge*
iugulārī: iugulāre *cut the throat of, kill*
expostulantēs: expostulāre *insist, demand*
5 potiēbantur: potīrī *obtain, secure*
obversō: obversus *directed towards, engaged in*
cēdēbant: cēdere *fall (to)*
dēfōrmis *disgusting, hideous*
alibi ... alibi *in one place ... in another*
balineae, f.pl. *baths*
popīnae: popīna, f. *eating-house, café*
cruor, m. *bloodshed*
scorta: scortum, n. *prostitute*

luxuriōsō: luxuriōsus *decadent*
ōtiō: ōtium, n. *idleness*
10 acerbissima: acerbus *harsh, pitiless*
prōrsus ut *to the point where*
furere *run berserk, be in a frenzy or violence*
lascīvīre *be in a frenzy of lust*
cōnflīxerant: cōnflīgere *clash, fight*
bis *twice*
Cinnā: Cinna, m. *Roman politician who took Rome from Sulla in 87 B.C.*
crūdēlitātis: crūdēlitās, f. *cruelty*
sēcūritās, f. *unconcern, callousness*
minimō ... temporis *for the briefest interval*
voluptātēs: voluptās, f. *pleasure*
15 intermissae: intermittere *interrupt*
velut *just as if*
accēderet: accēdere *be added*
exultābant: exultāre *exult, be wild with delight*
fruēbantur: fruī *enjoy oneself*

plūrimum mōlis *the greatest difficulty*
obpugnātiōne: obpugnātiō, f. *attack*
castrōrum: castra, n.pl. *the Praetorian camp*
novissimam: novissimus *last*
eō intentius *all the more eagerly*
reperta: reperīre *find, invent*
5 admovent: admovēre *bring up*
testūdinem: testūdō, f. *tortoise, protection for battering-ram*
tormenta: tormentum, n. *catapult*
aggerēs: agger, m. *earthwork, mound*
hausissent: haurīre *experience, endure*

cōnsummārī: cōnsummāre *finish off, crown*
clāmitantēs: clāmitāre *shout*
proprium: proprius *proper, special*
nī = nisi
recipiantur: recipere *recover, regain*
10 contrā *on the other side*
Vitelliānī, m.pl. *the Vitellians, Vitellius' men*
disparēs: dispār *unequal, inferior*
inquiētāre *trouble, frustrate*
foedāre *befoul, defile*
amplectēbantur: amplectī *embrace, cling to*

multi semianimes super turres et propugnacula moenium expiravere: convulsis portis reliquus globus obtulit se victoribus, et cecidere omnes contrariis vulneribus, versi in hostem: ea cura etiam morientibus decori exitus fuit.

The death of Vitellius

Vitellius capta urbe per aversam Palatii partem Aventinum in domum uxoris sellula defertur, ut si diem latebra vitavisset, Tarracinam ad cohortes fratremque perfugeret. dein mobilitate ingenii et, quae natura pavoris est, cum omnia metuenti praesentia maxime displicerent, in Palatium regreditur vastum desertumque, dilapsis etiam infimis servitiorum aut occursum eius declinantibus. terret solitudo et tacentes loci; temptat clausa, inhorrescit vacuis; fessusque misero errore et pudenda latebra semet occultans ab Iulio Placido tribuno cohortis protrahitur. vinctae pone tergum manus; laniata veste, foedum spectaculum, ducebatur, multis increpantibus, nullo inlacrimante: deformitas exitus misericordiam abstulerat. obvius e Germanicis militibus (Vitellium infesto ictu per iram, vel quo maturius ludibrio eximeret, an tribunum adpetierit, in incerto fuit) aurem tribuni amputavit ac statim confossus est.

85. Vitellium infestis mucronibus coactum modo erigere os et offerre contumeliis, nunc cadentes statuas suas, plerumque rostra aut Galbae occisi locum contueri, postremo ad Gemonias, ubi corpus Flavii Sabini iacuerat, propulere. una vox non degeneris animi excepta, cum tribuno insultanti se tamen imperatorem eius fuisse respondit; ac deinde ingestis vulneribus concidit. et vulgus eadem pravitate insectabatur interfectum qua foverat viventem.

sēmianimēs: sēmianimis *semi-conscious*
super *on*
turrēs: turris, f. *tower*
expīrāvēre: expīrāre *breathe one's last, die*
āversam: āversus *rear, back*

Palātiī: Palātium, n. *the imperial palace*
Aventīnum: Aventīnus, m. *the Aventine, one of the hills of Rome*
sellulā: sellula, f. *sedan-chair*
dēfertur: dēferre *carry*
latebrā: latebra, f. *hiding-place*
Tarracīnam: Tarracīna, f. *a town in central Italy*
mōbilitāte: mōbilitās, f. *fickleness, instability*
displicērent: displicēre *displease, disturb*
vāstum: vāstus *desolate*
dīlāpsīs: dīlābī *slip away*
servitiōrum: servitia, n.pl. *slaves*
occursum: occursus, m. *meeting, encounter*

modo . . . nunc *now . . . now*
ērigere *hold up*
plērumque *mostly, chiefly*
rōstra: rōstra, n.pl. *the Rostra, a platform for speakers in the Forum*
contuērī *look at*
Gemōniās: Gemōniae, f.pl. *the Gemonian steps, a flight of steps on the Capitoline Hill*
Flāviī Sabīnī: Flāvius Sabīnus, m. *Vespasian's brother, murdered by Vitellius' soldiers*

convulsīs: convellere *tear down*
reliquus *remaining, the rest of*
globus, m. *band*
contrāriīs: contrārius *in front*
decōrī: decōrus *honorable*

dēclīnantibus: dēclīnāre *avoid, elude*
inhorrēscit: inhorrēscere *shudder (at)*
errōre: error, m. *wandering*
pudendā: pudendus *shameful, degrading*
sēmet = strengthened form of sē
occultāns: occultāre *hide, conceal*
prōtrahitur: prōtrahere *haul out*
pōne *behind*
tergum: tergum, n. *back*
inlacrimante: inlacrimāre *weep over*
dēfōrmitās, f. *degradation, ignominy*
quō mātūrius *in order . . . the sooner*
eximeret: eximere *remove, save*
adpetierit = adpetīverit: adpetere *attack*
cōnfossus est: cōnfodere *run through*

prōpulēre: prōpellere *drive on, frogmarch*
dēgeneris: dēgener *ignoble, cowardly*
excepta (est): excipere *hear*
ingestīs: ingerere *pile on, rain on*
concidit: concidere *fall dead*
prāvitāte: prāvitās, f. *depravity, lack of scruple*
īnsectābātur: īnsectārī *revile, curse*

86. . . . Praecipiti in occasum die ob pavorem magistratuum senatorumque, qui dilapsi ex urbe aut per domos clientium semet occultabant, vocari senatus non potuit. Domitianum, postquam nihil hostile metuebatur, ad duces partium
5   progressum et Caesarem consalutatum miles frequens utque erat in armis in paternos penates deduxit.

occāsum: occāsus, m. *sunset*
5 frequēns *numerous*

paternōs: paternus *father's*

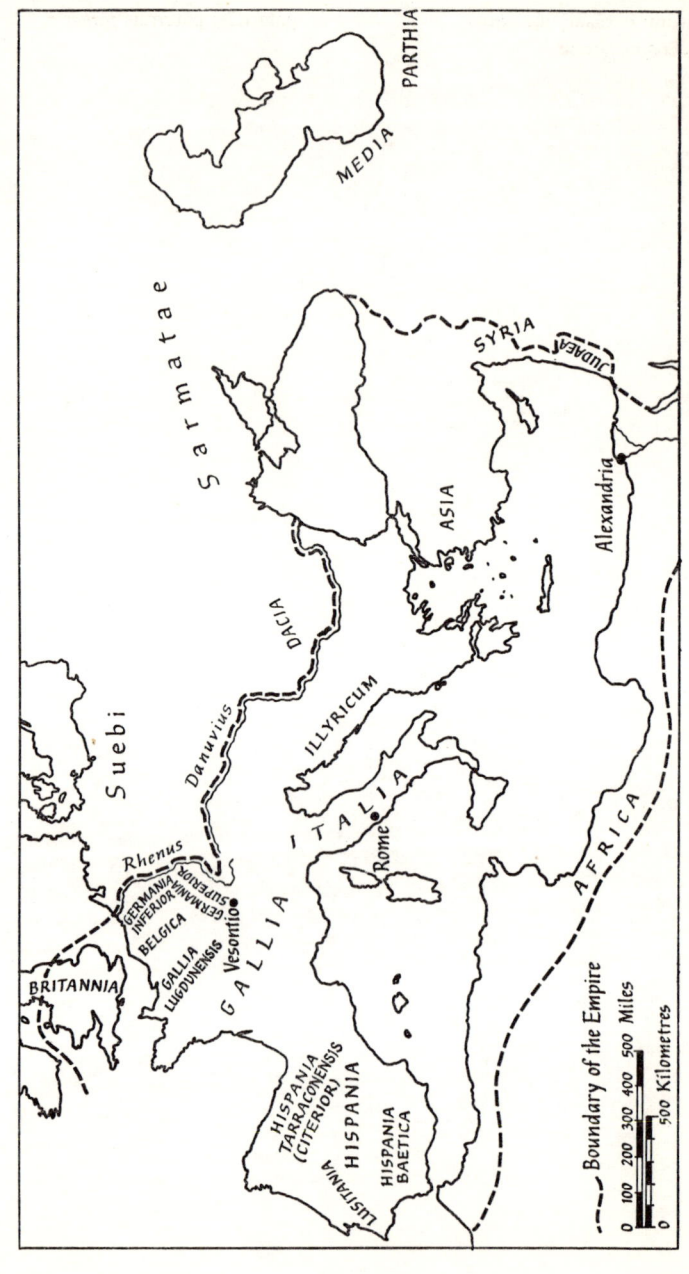

1. The Roman Empire in A.D. 69

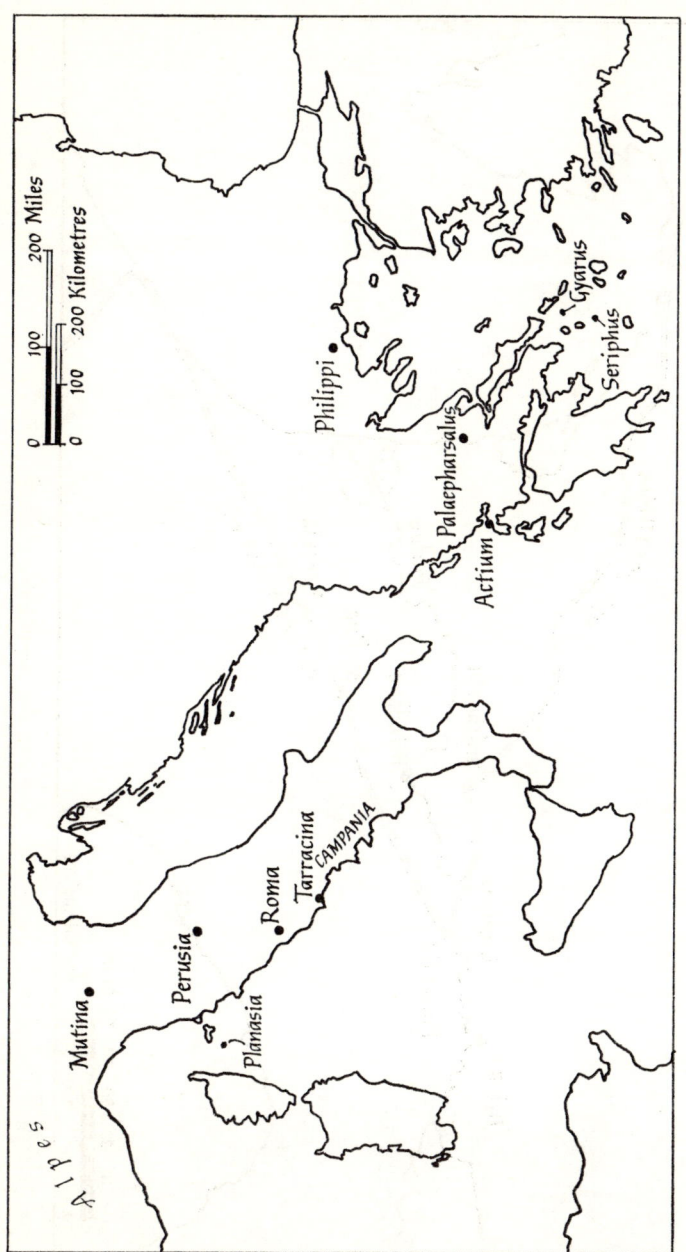

2. Italy and Greece

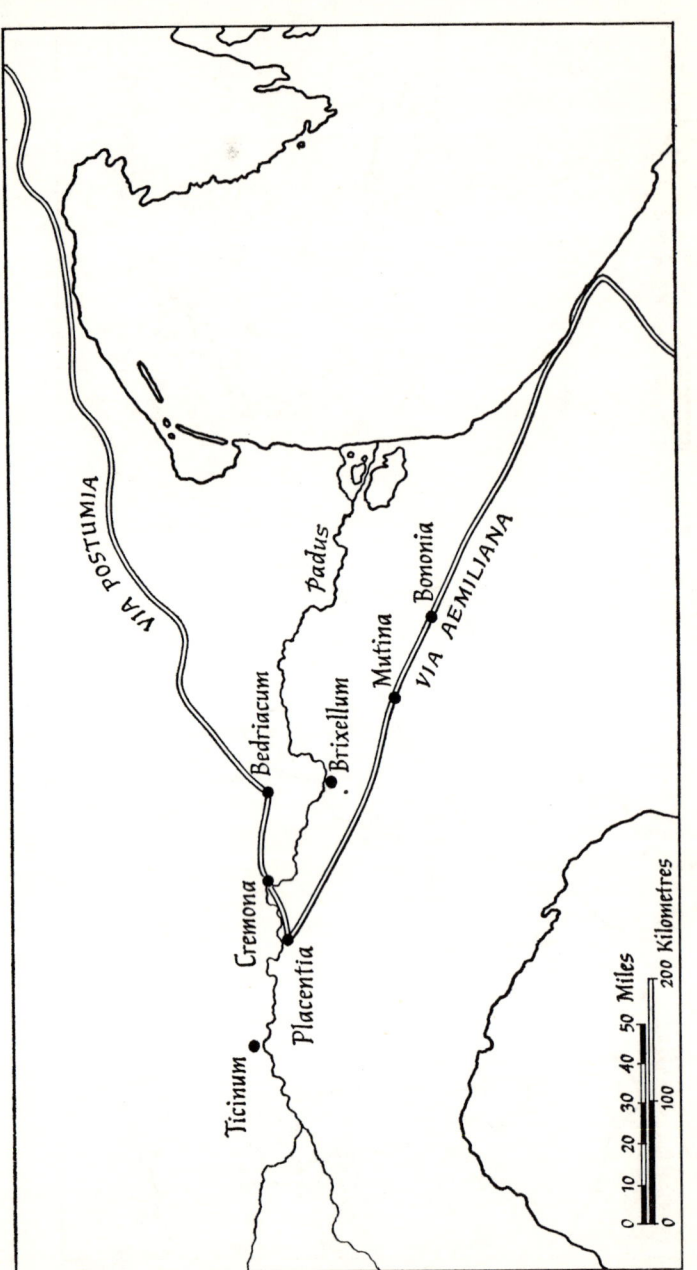

3. North Italy

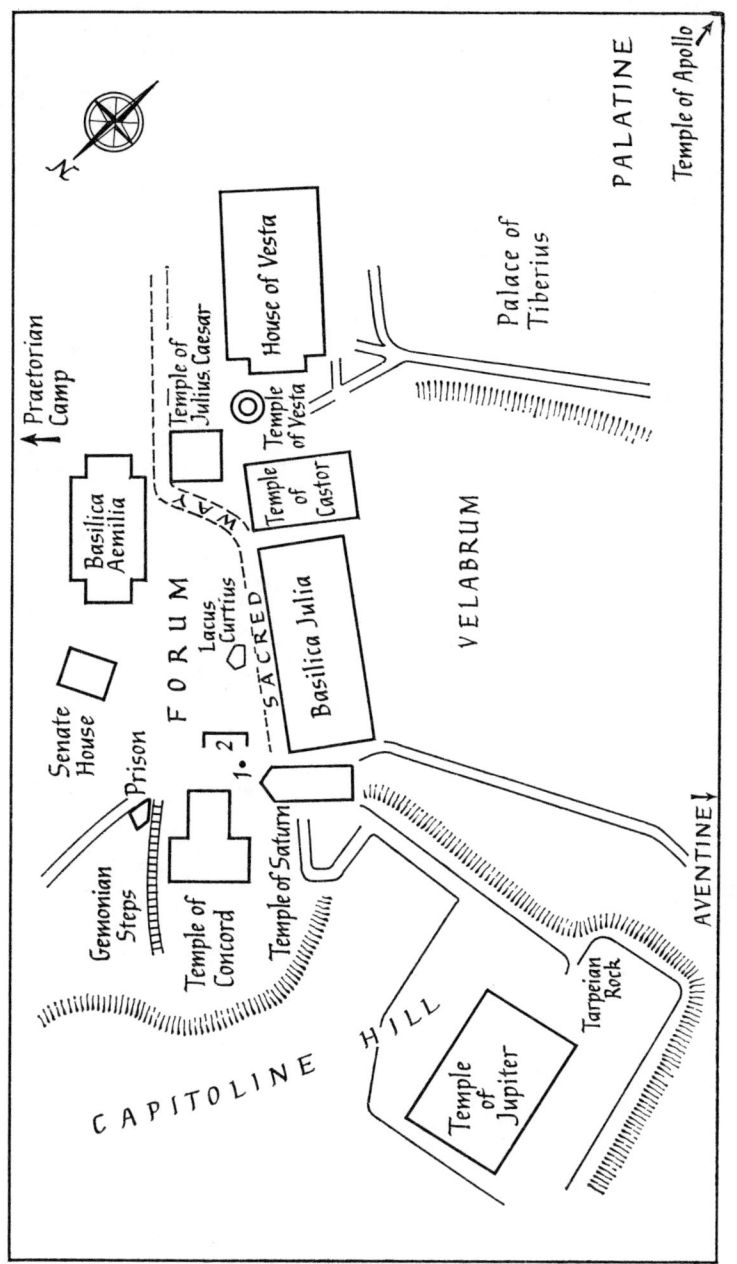

4. The centre of Rome (1 = Golden Milestone; 2 = Rostra)